Título original: *52 Things You Can Do To Raise Your Self-Esteem*
© 1994,2000 Jerry Minchinton
© 2004, Editora ISIS Ltda.

Tradução:
Maria Lucia Acaccio

Revisão:
Josie Ota Rogero

Supevisão editorial:
Gustavo L. Caballero

Produção:
Equipe técnico ISIS

Capa:
Bernard Design

I.S.B.N.: 85-88886-14-6

Proibida a reprodução total ou parcial desta obra, de qualquer forma ou por qualquer meio eletrônico, mecânico, inclusive por meio de processos xerográficos, sem permissão expressa do editor (lei no 9.610 de 19.02.98)

Direitos exclusivos para a língua portuguesa reservados pela

EDITORA ISIS, LTDA.
Av. Gen. Mac Arthur, 293
Jaguaré, São Paulo - SP - 05338-000
Tel: (11) 3765-1345
Fax: (11) 3765-1028
http://editoraisis.com.br
contato@editoraisis.com.br

Jerry Minchinton

52 Coisas que você pode *fazer* para elevar **sua** *Auto-estima*

Editora ISIS

Indice de epígrafes

Seja indulgente consigo mesmo
    quando cometer algum erro 19
Concentre sua atenção em suas
    qualidades positivas e em seus sucessos 20
Aprenda a dizer "não" 21
Despreze as críticas destrutivas dirigidas a você 22
Pense que os outros são iguais a você 23
Veja o lado bom dos seus erros 24
Reconheça sem reparos seus próprios erros 25
Acostume-se a ser feliz, sua felicidade depende,
    em grande parte, da maneira como vê as coisas 26
Deixe de insultar-se a si mesmo 27
Trabalhe com algo que o agrada 28
Não se preocupe nunca com o tipo
    de impressão que possa passar aos demais 29
Melhore seu conceito a respeito do que você merece 30
Aceite-se tal como é 31
Recupere sua liberdade 32
Marque um encontro diariamente consigo mesmo 33
Pergunte-se por que as pessoas dizem
    que você as prejudicou 34
Procure esforçar-se para conseguir o que quer 35

Anteponha sua opinião sobre si mesmo à dos demais...............	36
Seja cem por cento positivo a cada dia da semana.................	37
Seja compreensivo quando os demais agem de forma diferente com você..........................	38
Flexibilize seu grau de "perfeição" conforme as circunstâncias......................	39
Não se compare a ninguém.	
Evite comparar-se a outras pessoas........................	40
Convença-se de que não é ruim ser diferente...................	41
Evite prejudicar-se sem necessidade......................	42
Não modifique seu modo de ser para agradar mais às pessoas...................	43
Deixe de identificar-se com suas ações..................	44
Valorize as inúmeras decisões corretas que toma....................	45
Procure sua própria aprovação, não a dos outros.................	46
Cuide de sua saúde.........................	47
Receba as críticas com um sorriso..................	48
Faça o que você quer fazer e tome suas próprias decisões...................	49
Aceite com agrado os elogios......................	50
Seja mais flexível........................	51
Valorize suas idéias........................	52
Aprenda a fazer algo que até agora alguém esteve fazendo por você....................	53
Não leve muito a sério qualquer tipo de competição...............	54
Participe da vida política.........................	55
Pense que cobrir atender às suas necessidades é o principal.....................	57

Sempre olhe para a frente	58
Afaste de você os sentimentos de culpa	59
Convença-se de que você vale muito	61
Perdoe todos os seus erros	62
Procure o lado positivo de qualquer fato	63
Esqueça suas desavenças com os demais	65
Melhore sua capacidade de solucionar problemas	66
Defenda seus direitos	67
Confie, sobretudo em si mesmo	68
Considere lícito e natural qualquer pensamento seu	69
Assuma a plena responsabilidade pelo que acontece em sua vida	71
Aceite reprovações unicamente quando as mereça	72
Pare para pensar se você realmente está vivendo sua própria vida	73
Pense e fale bem dos demais	74
Leituras Recomendadas	75
O Autor	77

Prólogo

Se você deseja melhorar sua auto-estima sem recorrer a apoio psicológico, terapia ou qualquer outro tipo de orientação externa, este livro pode ajudar. Agora, se você padece de grave transtorno emocional ou psicológico, recomendo-lhe que procure um especialista. Este livro não pretende de modo algum ser uma alternativa ou um substituto da assistência profissional ou da psicoterapia.

Agradecimentos

São várias as influências positivas que venho recebendo ao longo dos anos e que estão transcritas neste livro. Dentre toda elas, merecem destaque os estudos do psicólogo Albert Ellis e as correntes filosóficas e escolas de pensamento que propugnam uma visão do mundo baseada num enfoque realista. De modo inestimável tive a ajuda de três pessoas que me brindaram com seu apoio e seu ânimo constantes e que tenho também a honra de considerar minhas amigas. Clif Bradley, meu sócio desde muitos anos, leu, releu e comentou meus rascunhos com uma paciência infinita. Stacy Gilbert teve a generosidade de colocar sua inteligência e sua perspicácia à minha disposição, assim como seus vastos conhecimentos de cultura contemporânea. Por último, gostaria de agradecer a Jean Names, que, além de ser toda uma fonte de sabedoria e de apoio, possui a assombrosa faculdade de ver em alguém mais do que ele pode ver em si mesmo. Agradeço a todos eles por me presentearem com sua maravilhosa amizade.

A respeito da auto-estima

Para dizer de maneira simples, gozar de uma boa auto-estima significa estar contente consigo mesmo e acreditar que merece desfrutar das coisas boas que a vida lhe oferece. Considerando que a questão é um pouco mais complexa do que abrange essa definição, convido os leitores que desejam se aprofundar mais neste tema, que leiam meu livro: Máxima auto-estima: Guia para recuperar o conceito de sua valia como pessoa. É importante a auto-estima? Mais do que vital, exerce grande influência em quase todos os aspectos de sua vida. Quer dizer, inclui suas relações com os demais, seu grau de confiança em si mesmo, sua orientação profissional, sua felicidade, sua paz interior e inclusive os êxitos que possa chegar a obter. Quais fatores determinam a perda da auto-estima? Em nossa fase de crescimento, todos nós passamos por experiências desagradáveis que nos fazem pensar mal de nós mesmos. Contudo, para alguns, são tantas ou tão intensas que acabamos por desenvolver três crenças básicas que estão arraigadas em maior ou menor grau. Primeiro, que somos umas vítimas indefesas, com pouco ou nada a dizer diante do que acontece em nossas vidas. Segundo, que somos uns desastres e não estamos à altura dos demais. Terceiro, que há por natureza algo "de mal" em nós. O processo para recuperar a boa auto-estima não tem nada de misterioso. Trata-se fundamentalmente de modificar a opinião que você tem de si mesmo. Para consegui-lo, você tem de aprender a rebater o efeito das suas falsas crenças arraigadas, insistindo no controle da sua vida, nas suas capacidades e no conceito natural, inato do seu valor como pessoa. O que receberá em troca dos seus esforços, se você lhes dedica algum tempo para melhorar a auto-estima? Pois bem, o que você acha de uma segurança maior em si mesmo, relações sociais mais satisfatórias ou o fato de poder reconciliar-se com a vida? E isso é somente o começo.

A mais valiosa recompensa que irá receber será uma imagem renovada de si mesmo, porque a pessoa em quem você se converterá será uma versão infinitamente "melhorada" e mais feliz de si mesmo.

Como usar este livro

Há muitas formas de abordar as idéias apresentadas neste livro. Você pode começar pelo princípio e ir colocando em prática uma a uma, pode fazer uma por semana durante um ano, escolher uma ao acaso para que lhe sirva de "pensamento do dia", buscar um capítulo concreto que responda a um determinado tipo de situação ou seguir qualquer outro método que lhe ocorra.

Caso tenha escolhido a busca por títulos, pode fazê-lo através do "Índice de epígrafes". Como cada uma das partes é independente das demais, não há razão para estabelecer uma ordem prioritária de leitura. Apesar de sua aparente singeleza, cada um destes conselhos possui a virtude de introduzir uma significativa melhora em sua vida. Portanto, se você deseja realmente melhorar sua auto-estima, não se limite apenas a lê-los, dizer "que bonito" e continuar como se nada tivesse acontecido. Se o que você procura é algo mais do que um empurrãozinho efêmero, dedique um pouco do seu tempo para refletir sobre estas idéias e como aplicá-las em sua vida.

Como você pode comprovar, cada seção conclui com uma "Idéia-chave", que vem a resumir o conceito principal da mesma.

Você pode utilizar essas idéias-chave como lembrete ou afirmações para preparar seu subconsciente para a mudança.

É possível que algumas das coisas que você leia aqui lhe desagradem ou que você não esteja de acordo com elas. Se isso acontecer, não ache que você é o único, porque para muitos de nós seria mais fácil ignorar alguns desses fatos ou nos convencer de que não são verdadeiros. Falando a partir da minha própria experiência, confesso-lhe que as lições mais difíceis que aprendi na vida foram aquelas que eu não queria aprender. Por desgraça, se repetiam uma e outra vez, até que, por fim, via-me obrigado a aceitar o que tinham a me ensinar. Antes de terminar, algumas palavras de advertência: desejo-lhe que, antes de pôr em prática as idéias contidas neste livro, pense cuidadosamente em que medida fazê-lo e como elas afetarão sua vida atual. Até a mais útil das ferramentas pode acarretar conseqüências indesejáveis se usada de forma inadequada ou se não se levar em conta seus possíveis efeitos. Espero que saiba aproveitar este livro da melhor forma possível.

52 COISAS QUE VOCÊ PODE FAZER PARA ELEVAR SUA AUTO-ESTIMA

1

Seja indulgente consigo mesmo quando cometer algum erro

Evite castigar-se a si mesmo por seus erros. Não se martirize nem se considere um estúpido. Com isso você apenas conseguirá arraigar em si a crença de que suas decisões são sempre incorretas, o que fará com que se sinta inseguro e incrementará a possibilidade de cair em novos erros. Se, em vez disso, você mostra indulgência consigo mesmo quando comete algum erro, não se sentirá pressionado e as possibilidades de que volte a enganar-se serão notavelmente reduzidas. Se você não se atormenta por aquelas decisões que não deram resultado tão perfeito como esperava, se mostrará disposto a aprender onde foi que se equivocou, para poder evitar erros semelhantes noutras ocasiões.

As decisões errôneas nunca são intencionais, ninguém escreve na agenda: "Amargue-se a vida" como um cabeçalho para a página do dia seguinte. Cada vez que você comete um erro, relembre-se de que se equivocar é algo completamente normal, de que todo mundo alguma vez trocou os pés pelas mãos e que para todos os erros, inclusive para os mais graves, existe o perdão.

IDÉIA-CHAVE:
Ser compreensivo comigo mesmo quando me equivoco ajuda-me a evitar erros futuros.

2

Concentre sua atenção em suas qualidades positivas e em seus sucessos

Uma lei não escrita prega o seguinte: aquilo em que concentramos nossa atenção tende a fazer-se maior. Assim, se nos fixamos nas qualidades positivas de uma pessoa, veremos como elas se multiplicam. Se, pelo contrário, fixamo-nos em seus defeitos, encontraremos vários deles. Se você se acostumar a dirigir sua atenção para as boas qualidades e para os aspectos mais positivos de sua vida, poderá comprovar como eles ganharão cada vez mais terreno.

IDÉIA-CHAVE:
Quanto mais penso em algo, mais importância recebe.

3

Aprenda a dizer "não"

Algumas pessoas não têm nenhuma objeção ao tentar convencê-lo a fazer o que elas querem, mesmo quando isso o desagrade ou lhe cause alguma inconveniência. Se aceitar sempre essas petições, o mais normal é que isso o deixe ressentido, enfadado e com a impressão de que abusaram de você. Raras vezes as desculpas surtem efeito para fugir de tais situações, porque os manipuladores costumam ser persistentes e resistem até ao mais hábil dos pretextos. A melhor solução resulta no mais simples. Basta dizer: "Não quero fazer isso!"
Dizer não a essa classe de pessoas é a melhor solução. Alem disso não terá que dar nenhuma razão para fazê-lo. Elas podem colocar-lhe imposições, você pode negarse.

IDÉIA-CHAVE:
A menos que algo se encontre realmente dentro das minhas responsabilidades, não tenho a obrigação de realizar.

4

Despreze as críticas destrutivas dirigidas a você

Por mais que nos empenhemos para que isso não aconteça, sempre haverá a possibilidade de que alguém nos critique ou faça comentários negativos a nosso respeito com a intenção de fazer com que nos sintamos mal. Indivíduos desse tipo, como diz uma velha canção, "são mais dignos de lástima do que de censura". Esses pobres diabos gostam de humilhá-lo e de fazer com que se sinta abatido, sobretudo se vêem que você é um alvo fácil para suas críticas. O que realmente querem é que você entre no jogo para que possam sentir-se superiores e aliviar assim seus próprios problemas de auto-estima.

Se responder às suas críticas, aborrecendo-se ou baixando a cabeça, terão conseguido o que queriam: que a opinião deles a seu respeito prevaleça sobre a sua própria. Até quando não se sentir plenamente contente consigo mesmo, evite sempre que puder o contato com esse tipo de gente. Quando tiver que fazê-lo, não se deixe levar pela corrente tentando dar-lhes o troco com uma resposta mordaz. Limite-se a sorrir e não responda às suas provocações, ou melhor, diga algo como: "não me diga", e continue com seus assuntos. Não consinta que elevem momentaneamente a auto-estima deles à custa da sua.

IDÉIA-CHAVE:
Recuso-me a me sentir mal só para fazer
com que outros se sintam melhor.

5

Pense que os outros são iguais a você

Em nosso processo de crescimento, a muitos de nós foi dito que deveríamos "admirar" determinadas pessoas. Foi-nos inculcada a idéia de que havia pessoas que, pelos seus conhecimentos, títulos, posição social e econômica ou por qualquer outra distinção, devíamos considerar superiores a nós e, por conseqüência, dignas de atenção e estima especiais.

É certo que determinadas circunstâncias fazem com que essas pessoas sejam diferentes de você, porém isso não significa de modo algum que tenham de ser melhores do que você.

Tais critérios não são mais do que distinções artificiais carentes de valor na hora de cimentar nossos conceitos de respeito e honra. Têm tanto sentido quanto acreditar que existe gente que merece um reconhecimento especial pelo mero fato de ter um nariz enorme ou os dedos muito largos.

IDÉIA-CHAVE:
Os méritos e as qualidades dos demais
não os tornam mais valiosos ou mais
dignos de respeito do que eu.

6

Veja o lado bom dos seus erros

Não seria nada mal, se ao nascer, nos fosse dado um livro com o título: "Tudo o que necessitas saber para não cometer erros". Lamentavelmente, um manual com essas características, entretanto, não se pode adquirir nas livrarias, então não nos resta conformar-nos em cometer um ou outro erro de vez em quando, incluídos alguns que nos levam a nos sentir muito mal.

Não devemos, contudo, nos esquecer, nem mesmo em nossos instantes de maior desalento, esse fato de vital importância: na maioria dos casos, os erros são essenciais para a aprendizagem. Corretamente entendidos, seus equívocos podem converter-se numa valiosa fonte de recursos. Cada vez que comete um erro você está eliminando uma resposta ou uma solução incorreta e está dando um passo adiante na busca da correta. Se você permite a si mesmo a liberdade de equivocar-se, ver-se-á recompensado com múltiplas melhoras em cada uma de suas habilidades, o que aumentará consideravelmente suas possibilidades de êxito em todos os aspectos.

IDÉIA-CHAVE:
É do mais sábio considerar que cada erro
é uma oportunidade para aprender.

7
Reconheça sem reparos seus próprios erros

Muitos de nós custamos a admitir que nos equivocamos. Num nível profundo do nosso pensamento, temos a sensação de que se nos empenhamos em convencer a nós mesmos e aos demais de que sempre temos razão poderemos evitar esse sentimento de "inaptidão" que costuma aparecer quando nos equivocamos. No entanto, não há motivos para nos sentirmos assim, portanto, quando você se engana, admita. Você não é obrigado a tomar sempre a decisão mais acertada. Nós não o mandaremos à Lua com um pontapé pelo mero fato de que uma ou outra vez cometeu uma falha. Equivocar-se de vez em quando não faz de você a pior pessoa, assim como acertar sempre tampouco fará de você o melhor. O fato de que tenha cometido erros não significa que seja um inútil, mas que simplesmente é um ser humano. Reconhecê-los abertamente é um sinal de maturidade e uma prova de que goza de uma saudável auto-estima.

IDÉIA-CHAVE:
Tanto se acerto ou se erro, meu valor é o mesmo.

8

Acostume-se a ser feliz, sua felicidade depende, em grande parte, da maneira como vê as coisas

A felicidade é um estado de ânimo que nasce em seu interior e que, portanto, não depende necessariamente de acontecimentos externos para que seja favoravelmente produzida. Ainda que possa parecer inacreditável, o certo é que sua felicidade pode ser incrementada com um pouco de prática! Experimente sentir-se feliz deliberadamente durante cinco minutos por dia. Não procure sentir-se feliz por algo de concreto, limite-se tãosomente a sentir-se feliz. Para conseguir alcançar esse estado, lembre-se de como se sentiu num dos dias mais felizes da sua vida e procure reproduzir esse sentimento no presente instante. Praticando com regularidade este exercício, você comprovará que é possível sentir-se feliz à vontade e notará, dia a dia, como seus momentos de felicidade aumentarão. A felicidade, assim como acontece com a auto-estima, é algo que depende de nós mesmos. Ainda que os demais possam influir sobre ela em determinadas ocasiões, em última estância, depende de você ser feliz.

IDÉIA-CHAVE:
Meu estado de ânimo depende de mim.

9

Deixe de insultar-se a si mesmo

Quando você fala consigo mesmo, para o seu íntimo, faça-o de maneira positiva. Tenha a certeza de que, por um ou outro motivo, você não esteja se deixando arrastar pela autocrítica - reaja contra essa tendência. Como qualquer um, você está distante de alcançar a perfeição, porém vale a pena, realmente, amargurar-se com isso? Apague da sua linguagem e dos seus pensamentos expressões como: sou um inútil; sim, sou um imbecil; estou abobado ou sou um perfeito idiota. Quando você estiver praticando esse processo de limpeza verbal, não se esqueça de se desfazer de outros termos pejorativos que por hábito aplique a si mesmo, como: gordo, mão-boba ou feio.

Com o insultar-se a si mesmo você só conseguirá ressaltar aqueles defeitos que supostamente tenha em detrimento das boas qualidades que efetivamente possui. Por desgraça, o mundo já conta com suficientes voluntários dispostos a nos criticar, com razão ou sem ela, como se quiséssemos acima de tudo somar nossa voz ao seu coro.

IDÉIA-CHAVE:
O respeito, bem entendido, começa por nós mesmos.

10

Trabalhe com algo que o agrada

Trabalhar com algo que nos desagrada pode converter-se num castigo. Se você não está contente com seu trabalho, o mais normal é que custe a levantar da cama e que seja duro enfrentar essa carga durante todo o dia. Em vez de desfrutar do que faz, você procura apartar o trabalho da mente e tenta dissimulá-lo pensando nas próximas férias, nos finais de semana ou no pagamento do mês. Que sentido tem continuar nessa situação sem saída? Se o seu trabalho não o agrada, procure outro; não há razão para desperdiçar sua vida numa atividade desagradável. Talvez você não possa dar um giro imediato em sua carreira profissional devido aos encargos familiares ou a questões econômicas, mas nada o impede de começar a fazer planos para o futuro a partir de hoje. Por onde começar? Primeiro decida-se e logo realize as gestões necessárias para que a mudança aconteça pelas vias adequadas. Fixe-se às metas, trace um plano realista para ir alcançando objetivos parciais passo a passo e comece a colocá-los em prática. Quando você gosta do seu trabalho, todo mundo sai ganhando. Você desfruta do que faz, é mais feliz e torna a vida mais agradável para aqueles que o rodeiam e, por sua vez, seus clientes recebem um produto ou serviço de qualidade e feito com amor.

IDÉIA-CHAVE:
Mereço um trabalho que me proporcione prazer.

11

Não se preocupe nunca com o tipo de impressão que possa passar aos demais

Lembre-se disto: cada vez que se preocupar com o que as pessoas possam estar pensando de você, pense que provavelmente essas pessoas estão igualmente preocupadas com o que você pode estar pensando delas.

IDÉIA-CHAVE:
Se a impressão que causo nos demais me parece importante, seguramente deixo-lhes impressão melhor se estou relaxado e esqueço disso.

12

Melhore seu conceito a respeito do que você merece

Está contente com sua qualidade de vida? Com seu trabalho? Com suas relações e com sua vida familiar? Se não e se gostaria de mudar alguma coisa, você pode. Na maioria dos casos, se estamos onde estamos não é por casualidade. Nosso nível de auto-estima nos conduz a determinadas relações e situações que de modo inconsciente pensamos que merecemos e que podem diferir notavelmente do que desejamos conscientemente. Essa é a principal razão pela qual as pessoas que possuem um saudável conceito de si mesmas esperam e costumam receber o respeito, a colaboração e a amizade dos demais. É por aí que as pessoas com um baixo nível de auto-estima costumam se ver envolvidas em situações incômodas, desagradáveis e inclusive sofrer abusos por parte dos demais. Assim são as coisas. O que você pode fazer para dar um giro positivo em sua vida? Consolidar ou incrementar sua auto-estima. Com isso conseguirá ampliar seu conceito de felicidade. Quando você está plenamente convencido de que merece um grau maior de felicidade, fará tudo o que for lícito para alcançá-lo.

IDÉIA-CHAVE:
Meu valor como ser humano me dá o direito de desfrutar do melhor que a vida possa me oferecer.

13

Aceite-se tal como é

Muitos de nós temos o feio costume de julgar: "o que aconteceria se...?" conosco mesmos. Pensamos e dizemos coisas como: "seria uma pessoa melhor se deixasse de fazer isso ou se me propusesse a fazer aquilo" ou "me levariam mais em conta se eu tivesse tal coisa ou se pudesse fazer tal outra". Todas essas frases que começam com um "se..." impedem-nos de nos sentirmos bem conosco mesmos aqui e agora e pospõem indefinidamente a nossa auto-aceitação, fazendo assim com que nos sintamos permanentemente inúteis. O fato é que você não precisa mudar nada para sentir-se bem consigo mesmo, porque já é perfeitamente válido tal como é. Sejam quais forem suas características pessoais, asseguro-lhe que tem sido e que continuará sendo sempre uma pessoa totalmente válida em todos os aspectos. Com respeito à verdade, o que deveria dizer a si mesmo é: "Como todo ser humano, encontro-me em contínua evolução. Atuo da melhor forma que posso neste momento e quando estiver capacitado para fazer melhor, farei".

IDÉIA-CHAVE:
Sou perfeitamente útil e aceitável tal como sou.

14

Recupere sua liberdade

Muitos de nós, em nossa fase de crescimento, damos importância exagerada para a opinião alheia. Nossos pais e pessoas que costumam exercer autoridade sobre nós costumam dizer coisas como: "O que dirão os outros?" "O que as pessoas pensarão de mim?" Isso nos induz a dar uma relevância especial ao que os demais pensam de nós. Em que medida isso poderá nos afetar? Se dermos demasiada importância ao que as pessoas pensam a nosso respeito, nossa vida girará em torno delas, em vez de girar em torno de nós mesmos. Faremos o que eles querem e não o que nós queremos. Assim, agiremos para ganhar a aprovação dos demais, não porque nos agrada. Quanto mais importância concedermos à opinião alheia, menos liberdade teremos para fazer, dizer e inclusive pensar o que nos pareça adequado. E o que é pior: a supervalorização das opiniões alheias pode nos levar a considerar a nós mesmos pessoas de segunda classe em relação a outras.

IDÉIA-CHAVE:
Quanto mais importância dou à opinião alheia, menos liberdade tenho para viver à minha maneira.

15

Marque um encontro diariamente consigo mesmo

Dedique pelo menos meia hora do seu tempo ao puro prazer de fazer algo que realmente o agrade. Não tem de ser algo espetacular ou custoso. Pode ser algo tão simples como ler o capítulo de um romance, escrever poemas, comer o seu prato predileto ou ficar tranqüilamente sentado sem fazer nada. Eleja o que tenha de eleger, assegure-se de que seja algo que lhe proporcione prazer ou satisfação pessoal. Tendemos com suma facilidade a descuidar da nossa própria vida quando nos vemos transbordando de exigências de nosso trabalho, nossa família ou nossas amizades. Se reservar diariamente um pouco de tempo para si mesmo, conseguirá lembrar-se de que você, suas necessidades e seus desejos, são tão importantes quanto os de qualquer outra pessoa.

IDÉIA-CHAVE:
Mereço desfrutar de um tempo para mim todos os dias.

16

Pergunte-se por que as pessoas dizem que você as prejudicou

Às vezes algumas pessoas constroem uma idéia equivocada a respeito do seu comportamento e, se você não age como elas acreditam que deveria, dizem que você lhes feriu os sentimentos. Então você é acusado de não levar em consideração atenções ou de praticar má-fé. As pessoas que exibem esse tipo de conduta sabem que, se você entrar no jogo delas, elas terão disponível uma jogada emocional, com o que poderão golpeá-lo cada vez que lhes pareça que você está pisando na bola. Fazendo-se passar por vítimas, na realidade o que essas pessoas tentam é convertê-lo numa. Seu objetivo é conseguir com que você se sinta tão desconfortável que se veja obrigado a mudar sua ordem de prioridades e a fazer o que elas desejam. Se você abaixa a cabeça e pede-lhes perdão por haver feito o que você considerava correto, terão ganhado a partida, o que significa que dali em diante sua vida se parecerá mais com o que elas desejam que seja. Tem alguém o direito de esperar que você se comporte de forma diferente da que você acredita ser a mais adequada? A menos que concorde com os demais ou com os que o tenham induzido a acreditar que eles têm o poder de controlar seu comportamento, a resposta é um redondo não! A única exigência que os demais poderiam ter sobre sua conduta é a de mostrar uma atitude afável, educada e não agressiva. Isto à parte, não há motivo para que você ignore suas preferências pelo mero fato de querer agradar a outras pessoas.

IDÉIA-CHAVE:
Quando se trata de mim mesmo, minha forma de ver as coisas é a mais importante.

17

Procure esforçar-se para conseguir o que quer

Você costuma elaborar planos detalhados para o futuro e se sentir deprimido e decepcionado quando eles não acontecem como esperava? Se isso acontece com você, é possível que esteja passando por cima de um elemento essencial na hora de fazer planos. Ter sonhos e pensar no futuro é bom, mas raras vezes se alcança algo simplesmente pelo fato de desejá-lo. Ainda que pareça diferente, costumamos precisar de algo mais do que desejos e esperanças para converter nossos sonhos em realidade.

Se você pretender seriamente atingir um determinado objetivo, terá muitas mais possibilidades de êxito se estiver disposto a investir uma boa dose da sua energia pessoal para conseguir aquilo a que se propõe.

IDÉIA-CHAVE:
Se desejo algo, o mais provável é que eu tenha que consegui-lo com empenho.

18

Anteponha sua opinião sobre si mesmo à dos demais

Em geral tendemos a supervalorizar a opinião que os demais têm sobre nós e a levarmos muito em consideração suas críticas. É como se acreditássemos que suas afirmações a respeito do nosso caráter, de nosso modo de agir e de nossa personalidade fossem mais acertadas e importantes que nosso próprio conceito. É possível, porém, que a opinião alheia se acerque tanto da verdade? Se partirmos do pressuposto de que a pessoa julga seu modo de agir em função de seu próprio sistema de valores, que não está de acordo com o seu, é mais provável que as idéias dela sobre você sejam mais errôneas do que corretas. Levando em conta o limitado conhecimento que as demais pessoas possuem de sua formação e vivências pessoais, até que ponto elas podem compreender por que você é como é e age como age? O máximo que podem fazer é julgá-lo com rigoroso cuidado como julgariam a si mesmos em circunstâncias semelhantes. Deve ficar claro que, na maioria dos casos, as idéias que os demais fazem a seu respeito são inexatas ou incompletas. A menos que os sentimentos dessas pessoas por você sejam revestidos de um especial desejo pelo seu bem-estar, você não tem por que lhes prestar demasiada atenção.

IDÉIA-CHAVE:
Sinto-me melhor comigo mesmo se não dou importância demais à opinião que os demais têm a meu respeito.

19

Seja cem por cento positivo a cada dia da semana

Você tem por costume compadecer-se de si mesmo quando as coisas não saem como queria? E, se é assim, o que ganha com isso? Queixar-se e lamentar-se pode, às vezes, parecer justificado, mas o certo é que com isso somente se consegue agravar a situação. Se em vez de esforçar-se para solucionar as coisas você se dedica a sentir compaixão de si mesmo o único resultado obtido é deprimir-se e reforçar sua condição de vítima. "Por que essas coisas sempre têm que acontecer comigo?"

Escolha um dia da semana para combater esse hábito. Nesse dia, aconteça o que acontecer, não se queixe nem critique nada. Quando notar que vem à mente um pensamento negativo, em vez de recrear-se com ele desligue-se de imediato e ponha-se a pensar em algo agradável. Conseguido isso, o resultado leva-lo-á a algo de prático. E, se você é um choramingas empedernido, talvez seja melhor começar por um período de tempo inferior a um dia. Uma vez que tenha aprendido a deixar de lado os pensamentos negativos, mesmo que por pouco tempo, ficará surpreso ao comprovar quão bela e agradável se tornará sua vida.

IDÉIA-CHAVE:
Sou mais feliz quando evito os pensamentos negativos.

20

Seja compreensivo quando os demais agem de forma diferente com você

Em geral consideramos certo que os demais ajam mais ou menos do mesmo modo que nós se estivéssemos em seu lugar. Quando não o fazem, nos aborrecemos, sentimo-nos decepcionados ou contrariados. A menos que conheça extremamente bem a outra pessoa, você tem tantas possibilidades de enganar-se como de acertar quando se trata de prever o que ela fará. Do mesmo modo que sua conduta vem determinada por uma combinação única de sua herança, sua formação e sua vivência, isso também acontece com as demais pessoas. O caráter único de cada indivíduo é exatamente o que faz com que seus atos sejam tão incompreensíveis a ele quanto os dele aos demais.

IDÉIA-CHAVE:
As pessoas têm suas próprias razões para comportarem-se de modo diferente de mim.

21

Flexibilize seu grau de "perfeição" conforme as circunstâncias

Os perfeccionistas raramente são felizes. Obrigam-se a realizar uma grande quantidade de trabalho extra porque pensam assim: "se delegam aquela tarefa a outros, é porque não a farei tão bem quanto eles".

Tomar decisões é muito custoso a eles. Como andam continuamente buscando falhas para tentar evitar ou corrigi-las, sempre acabam por encontrar alguma. E o que é ainda pior: equipararam sua habilidade para fazer as coisas a seu valor como pessoas.

Cada tarefa requer um grau de perfeição determinado. Por exemplo, para realizar uma intervenção cirúrgica cerebral, é necessário um nível maior de perfeição do que para cortar a grama. O porquê da questão está em decidir com antecedência e de forma precisa que grau de perfeição é o adequado para cada tarefa. Uma vez que tenha determinado de maneira objetiva como deve ser feito algo você poderá dedicar a essa tarefa a atenção que ela realmente merece. No que se refere aos seus sentimentos em relação a si mesmo, seu objetivo deveria ser não de fazer as coisas perfeitamente, mas o de se dar conta de que não é obrigado a ser perfeito.

IDÉIA-CHAVE:
Estabelecer graus de exigência realistas para mim mesmo é sempre uma opção inteligente.

22

Não se compare a ninguém.
Evite comparar-se a outras pessoas

As comparações o levarão a sentir-se infeliz ou a criar uma falsa sensação de superioridade. Em ambos os casos, a única coisa que se consegue é impedir o desenvolvimento de uma imagem realista de si mesmo. Quando você se compara a outra pessoa, o normal é que pense que há pessoas superiores a você e outras inferiores. Partindo desse princípio, você se sentira mal porque não é tão bom como os do primeiro grupo, mas, por sua vez, você se consolaria ao pensar que é melhor do que os do segundo. Como a conclusão não o deixará satisfeito e, no final, continuará pensando que é um desastre, seria mais interessante deixar as comparações e sentir-se mal diretamente, sem a necessidade de recorrer a tanta confusão. Na realidade, esse tipo de comparação não tem sentido nem conduz a lugar nenhum, porque você, igual a qualquer outro ser humano do planeta, é único, com sua própria fortaleza e debilidade, com seus talentos e sua destreza individuais. Sua herança genética, sua formação, suas vivências e seu intelecto combinam-se para fazer de você uma pessoa distinta de todas as demais. Isso em si não é bom nem ruim, mas é simplesmente um fato.

IDÉIA-CHAVE:
Sou um ser único e, portanto, não faz sentido
comparar-me a nenhum outro.

23

Convença-se de que não é ruim ser diferente

Às vezes nos deparamos com gente que nos faz crer que não somos tão valiosos quanto as outras pessoas. Como em alguns aspectos diferimos delas, olham-nos por cima do ombro. Essas "importantes" diferenças podem ser nossa forma de vestir ou de nos comportar, nossas crenças, nossa religião, raça, situação social, sexo, tendências sexuais, herança genética, posição econômica ou outras cem marcas de inferioridade. Por que algumas pessoas se prestam a participar dessa patética farsa? Porque conseguem convencer-se de que estão por cima de determinadas pessoas, acreditando que seu valor como seres humanos é maior. Para elevar sua imagem de si mesmas, precisam criar categorias de pessoas supostamente inferiores. Essa comparação tem tanto sentido como dizer que Saturno é um planeta mais valioso do que Marte pelo mero fato de possuir anéis.

Por mais que alguns se empenhem em convencer-se do contrário, não existem pautas para determinar o valor das pessoas; são apenas juízos discriminatórios arbitrários emitidos por gente insegura. O valor da dignidade humana não é uma mercadoria que pode ser medido por metros ou por peso, trata-se de algo que recebemos ao nascer e que permanece conosco até morrer. Cada vez que estiver diante de alguém que quer parecer melhor a custa de fazer com que você pareça pior lembre-se disto: ninguém pode fazer com que você se sinta inferior sem o seu consentimento.

IDÉIA-CHAVE:
Nada em mim me faz melhor ou pior do que qualquer outro.

24

Evite prejudicar-se sem necessidade

Há uma piada bastante maldosa que pode ilustrar como funcionam nossas emoções negativas: um homem estava observando um menino que, vez por outra, dava uma martelada no dedo. Finalmente, vencido pela curiosidade, aproximou-se da criança e perguntou-lhe: "por que continuas martelando os dedos assim? Não dói?" Ao que respondeu o garoto: "Claro que dói, mas tu não imaginas o prazer que sinto cada vez que paro de martelar meus dedos!" Deixando de lado a graça mais do que discutível dessa piada, podemos tirar uma importante conclusão: assim como o menino que se machucava, nós nos causamos dor com nossas próprias emoções. Pensamos que nossas respostas emocionais são espontâneas. Acontece um fato e este nos provoca uma reação.

Na realidade as emoções dependem única e exclusivamente de nós mesmos. Quando alguma coisa acontece e você decide que não gosta, você mesmo se açoita com o látego da dor emocional. Se for incapaz de reconhecer que os sentimentos de dor partem de si mesmo, irá atribuí-los a circunstâncias externas e pensará que o destino lhe preparou uma armadilha que não poderá ser evitada. Em troca, se você admite que é o responsável pelos seus estados de espírito, não apenas deixará de optar por soluções que não conduzem a parte alguma, mas também descobrirá que não precisa se respaldar em acontecimentos externos para justificar seus estados de ânimo.

IDÉIA-CHAVE:
Posso evitar muito sofrimento se deixo de causar danos a mim mesmo.

25

Não modifique seu modo de ser para agradar mais às pessoas

Às vezes, por razões que desconhecemos, algumas pessoas nos dão a entender que não se simpatizam conosco. Quando isso acontece, costumamos pensar que é por nossa culpa e nos perguntamos o que estamos fazendo de mal e o que poderíamos fazer para ajustar a situação. O que na realidade deveríamos nos perguntar é: "Por que é minha obrigação de mudar quando não caio na simpatia de alguém?" A solução do problema não reside em mudar seu modo de ser para ganhar o apreço de outros, mas em compreender que não é possível nem necessário agradar a todo mundo.

IDÉIA-CHAVE:
Não preciso mudar para ser estimado por todos.

26

Deixe de identificar-se com suas ações

Você não é aquilo que faz. Ter praticado alguns atos ruins não o converte numa pessoa ruim, mas apenas em alguém que, de vez em quando, toma decisões equivocadas. Quais são os motivos que nos impulsionam a agir? Por que nos comportamos desse modo? Às vezes agimos de modo impulsivo sem pensar nas conseqüências dos nossos atos. Outras vezes não temos motivos claros e agimos sem saber ou sem compreender muito bem por quê. Naturalmente, muitas decisões que se revelam equivocadas não o pareciam no momento de tomá-las: pareciam as melhores que se podia tomar e apenas no futuro descobrimos que não era bem assim. Tenha isso sempre em mente: seus atos não têm relação alguma com seu valor ou seu mérito como pessoa; o que você faz não identifica quem você é. Do mesmo modo, o fato de você não cometer erros não o faz uma pessoa melhor, tampouco você é pior pessoa por cometê-los.

IDÉIA-CHAVE:
Ainda que por vezes tenha agido de modo imprudente, meu valor como pessoa continua sendo o mesmo.

27

Valorize as inúmeras decisões corretas que toma

Em vez de deixar-se aborrecer pelo peso dos seus erros, pense na grande quantidade de decisões corretas que tomou ao longo de sua vida. Felicite-se a si mesmo pelo êxito logrado no passado e ressalte aquelas decisões que adotou como bom critério. Do ponto de vista prático, ainda que possa parecer exagerado, pelo mero fato de continuar vivo de um dia para outro você é obrigado a exercer seu critério mil vezes. Com todas essas oportunidades de se enganar, não seria razoável esperar que todas as suas escolhas fossem perfeitas. Tenha a segurança de que acerta em muito mais ocasiões do que aquelas em que se engana. Comparados com a infinidade de decisões corretas e enriquecedoras que você toma em sua vida diariamente, seus erros representam uma porcentagem ínfima.

IDÉIA-CHAVE:
Tomo muito mais decisões boas do que más.

28

Procure sua própria aprovação, não a dos outros

Se acreditar que é muito importante que os demais tenham uma boa opinião a seu respeito, é possível que esteja, como diz uma velha canção americana: "buscando a aprovação no lugar errado". Quando concede um valor excessivo à opinião que os demais têm de você, está oferecendo a oportunidade deles influenciarem seus sentimentos e até si mesmo.

Se, para sentir-se bem, você precisa contar com a aprovação de outras pessoas, sentir-se-á mal cada vez que essa aprovação lhe for negada. O fato de desejar fervorosamente o elogio dos demais o deixa muito vulnerável às suas críticas.

É claro que importa que os demais pensem bem de você quando se trata de uma questão de sobrevivência, porém converter a opinião alheia numa necessidade para sentir-se bem consigo mesmo não tem sentido. Você evitará uma considerável deterioração emocional quando se convencer plenamente de que a única aprovação que deve buscar é sua própria.

IDÉIA-CHAVE:
A aprovação de que realmente necessito buscarei no meu interior e não na opinião dos demais.

29

Cuide de sua saúde

O que fazer para cuidar da saúde? Literalmente, várias coisas. Há uma infinidade de livros que divulgam os cuidados com a saúde e uma alimentação sadia, livros estes que poderão ajudá-lo a identificar, corrigir e prevenir numerosas enfermidades e práticas pouco saudáveis. Também existem inúmeros cursos, vídeos e filmes que o ensinam a desenvolver e a manter um estado de saúde ótimo; sobretudo, não passe por cima dos princípios básicos, como deixar de fumar, manter uma dieta equilibrada, dormir o suficiente e fazer exercícios com regularidade. Eis aqui quatro boas razões pelas quais deveria considerar que sua saúde é algo que se atém fundamentalmente a você:

Em primeiro lugar, porque os profissionais da medicina dedicam a maior parte do seu tempo a tentar remediar o prejuízo que causamos a nós mesmos, então apenas lhes resta tempo para informar-nos sobre o modo de evitar problemas com a saúde.

Em segundo lugar, porque o primeiro interessado em que goze de boa saúde sempre será você. Em terceiro lugar, porque você é o único que pode supervisar sua saúde e vigiar os pormenores da sua vida que possam afetar o bem-estar físico

E, por último, porque se você conservar um bom estado de saúde estará adquirindo automaticamente um maior controle sobre sua vida e, com isso, estará incrementando sua auto-estima.

IDÉIA-CHAVE:
Minha saúde é, antes de tudo, responsabilidade minha.

30

Receba as críticas com um sorriso

Poucas coisas são tão reveladoras do estado de nossa auto-estima quanto a forma como reagimos perante as críticas. Quando não estamos suficientemente contentes conosco mesmos, interpretamos as apreciações negativas como ataques pessoais, como se nos estivessem desaprovando. Quando alguém o critica, lembre-se disso:

1) As críticas podem servir para que você aprenda e se por acaso você estiver mesmo fazendo algo de ruim, é o primeiro interessado em saber.
2) O fato de alguém criticar algo que faz não significa que esteja julgando-o como pessoa.
3) Ainda que alguém fizesse comentários negativos com o intuito de atacá-lo, por que teria você de cair voluntariamente na sua trama?

IDÉIA-CHAVE:
Sempre será vantagem aceitar as críticas com
uma atitude aberta e relaxada, uma vez que
a crítica servirá para o meu aprimoramento pessoal.

31

Faça o que você quer fazer e tome suas próprias decisões

Vá aonde for, você sempre encontrará alguém disposto a dar conselhos ou a pensar por você. Ainda que sua própria vida seja um completo fracasso, alguns indivíduos acreditam ser qualificados para dizer-lhe o que você tem que fazer com a sua. Contudo, mesmo quando a vida desses aspirantes a conselheiros estiver marcada por êxito e felicidade, existem várias razões que demonstram que não é uma boa idéia deixar que eles tomem decisões por você. Se levarmos em conta que ninguém pode estar tão a par das particularidades de sua vida quanto você, é mais que provável que as soluções que outras pessoas lhe trazem não satisfaçam suas necessidades da mesma maneira que as suas fariam.

Em segundo lugar, quando outros tomam decisões por você, os assuntos costumam seguir o rumo que eles querem e, em alguns casos, ele será bem diferente do que agradaria a você.

Além de tudo o que foi anteriormente considerado, a última e a mais importante das razões é que se você deixar que outros tomem decisões por você nunca aprenderá a tomá-las por si mesmo. Convém dizer que não há nada de mal em ouvir os conselhos alheios, mas há de ficar esclarecido que é você quem, em última instância, deve assumir as conseqüências dos seus atos, seja quem for a pessoa que lhe tenha sugerido como agir. Ainda que suas decisões não sejam sempre perfeitas, mais vale cometer erros e aprender com eles do que ter de agir sempre conforme o que lhe ditam os demais.

IDÉIA-CHAVE:
Tomar minhas próprias decisões me trará grandes vantagens.

32

Aceite com agrado os elogios

Não é a modéstia que faz com que nos sintamos desconfortáveis quando alguém nos dirige um cumprimento, mas a insegurança. Se você se sente mal ao receber algum elogio, é porque no íntimo não acredita que o merece. Durante a infância, foi ensinado à maioria das pessoas que não ficava bem atirar flores sobre si mesmas e que aqueles que procediam assim eram tachados de orgulhosos ou vaidosos. O resultado é que tendemos a afastar comentários favoráveis que os demais possam fazer a nosso respeito. Todavia, a essa altura da nossa vida, já é hora de mudar os velhos esquemas da nossa educação infantil. Não há nada de mal reconhecer que se fez um bom trabalho. No entanto, também não é necessário dizer, quando alguém o felicita por ter feito algo bom: "Verdade que fui genial?" Limite-se a aceitar seus elogios com satisfação. Mas não peça que prestem mérito às suas capacidades ou à sua perícia dizendo coisas como: "Bom, não é para tanto" ou "Não o fiz tão bem como deveria".

Discordar do parecer dos que o cumprimentam vem a ser quase como lhes dizer que são tontos ou que suas apreciações carecem de valor. Da próxima vez que alguém exaltar de maneira desinteressada alguns dos seus sucessos seja generoso e aceite sinceramente, dizendo: "obrigado". O mais provável é que mereça.

IDÉIA-CHAVE:
Quando se fez um bom trabalho, não há nada de mal em admitir.

33

Seja mais flexível

Freqüentemente pensamos que a vida seria muito mais fácil e agradável se mudássemos um pouco nossa forma de agir e se nos aproximássemos mais um pouco do nosso modo de ver as coisas. Entretanto, por mais que nos empenhemos em pedir, em nos queixar ou inclusive fazer uso de métodos explícitos para que assim seja, a maioria das pessoas recusa-se a mudar apenas porque nós desejamos. Aqueles que cedem e mudam raramente o fazem por muito tempo, a menos que recebam em troca alguma compensação da nossa parte. Por conseqüência, acabamos de chegar à sábia conclusão de que a maior parte dos nossos problemas com as pessoas não se soluciona até que deixemos de pensar que na realidade se trate de problemas. Desse modo aprendemos uma das inquestionáveis verdades da vida: em vez de perder tempo tentando forçar os demais para que façam o que queremos que façam, costuma ser mais rápido, mais realista e mais útil a longo prazo flexibilizar nossa atitude com respeito a eles.

IDÉIA-CHAVE:
Posso apagar da minha vida um bom número de problemas menores simplesmente mudando minha atitude em relação a eles.

34

Valorize suas idéias

Em condições normais, a menos que esteja em perigo, diga o que pensa de verdade, e não o que acredita que os outros querem ouvir de você. Isso não quer dizer que tenha carta branca para não considerar ou ser grosseiro com os demais cada vez que tenha vontade, mas que sua opinião tem tanta validez quanto a de qualquer outro. Mesmo que os outros estejam ou não de acordo com você. Ainda que suas idéias sejam diferentes ou inclusive contrárias às da maioria das pessoas, isso não lhes tira a importância nem retira de você o direito de levá-las ao conhecimento de todos.

A primeira vez que se sentir tentado a dar razão a alguém unicamente pelo fato de agradar não o faça. Além de ser desonesto consigo mesmo, faltar à sua verdade e trair seus ideais nunca lhe trará amizades que realmente valham a pena. Quando estiver em franco desacordo com as opiniões de alguém, diga sem reparos.

IDÉIA-CHAVE:
Minhas idéias são tão importantes
quanto as de qualquer outro.

35

Aprenda a fazer algo que até agora alguém esteve fazendo por você

Acrescente uma nova destreza à sua lista de habilidades. Não precisa ser um projeto de envergadura, como remodelar uma casa. Pode ser um projeto tão simples como aprender a trocar um pneu, fazer você mesmo as unhas, atualizar o livro de contabilidade doméstica ou fazer ovos mexidos. O objetivo não consiste em poupar dinheiro - ainda que se há de reconhecer que isso possa ser um incentivo para muitos de nós -, mas ganhar confiança em nós mesmos. Uma vez que tenha adquirido essa nova habilidade, se a ocasião se apresenta e você não tem ao alcance nenhum especialista que faça o trabalho, você pode pô-lo em prática e assim evitará sentir-se à mercê de outras pessoas. Os conhecimentos adquiridos através da experiência prática proporcionarão uma rica fonte de estímulos para seus sentimentos de aptidão e de capacitação pessoal. E, o que é igualmente importante, eles contribuirão de modo direto a fazer com que sinta que traz os lucros da sua própria vida.

IDÉIA-CHAVE:
Quanto mais coisas aprendo a fazer por mim mesmo mais controle adquiro sobre minha vida.

36

Não leve muito a sério qualquer tipo de competição

Costuma-se afirmar erroneamente que a competição imprime caráter e confiança em si mesmo quando na verdade costuma deteriorar ambos os aspectos da personalidade. O que realmente a maioria das pessoas que competem consegue ganhar são sentimentos de inferioridade e perda da auto-estima. Como poderia ser de outro modo levando-se em conta que o ponto principal de uma competição é que haja mais perdedores do que ganhadores? E qualquer atividade que traga como conseqüência que a maioria se sinta inferior apenas pode ser qualificada como altamente prejudicial.

O perigo de competir reside no fato de que muitos de nós relacionamos diretamente nosso valor com o fato de ganhar ou perder. Se perdemos, o que costuma acontecer na maioria dos casos, não nos sentimos bem e podemos chegar a nos sentir verdadeiramente mal. Penduramos em nós mesmos a etiqueta de pessoas de segunda, terceira ou quarta categoria e, como se não bastasse isso, acreditamo-nos uns fracassados. Tirando o fato de que ganhar proporciona uma recompensa que em grande escala melhora sua condição de vida, é melhor abster-se de competir. Se tiver por costume competir e não o faz pelo puro prazer de jogar, está desperdiçando os escassos benefícios que pode trazer a competição.

IDÉIA-CHAVE:
Se ganhar ou perder, meu valor como pessoa continua o mesmo.

37

Participe da vida política

Tome parte ativa dos assuntos relacionados à política Esse é um excelente método para deixar de sentir-se vítima e aumentar sua sensação de controle sobre a vida. Eis aqui algumas coisas que você pode fazer:

1) Telefone ou escreva para seus representantes políticos, conte-lhes os assuntos que o preocupam e faça-os saber o que você espera deles.

2) Fale com os candidatos ao governo local: pergunte-lhes qual é sua postura no que se refere aos assuntos que mais o afetam.

3) Filie-se a algum partido ou grupo político: desempenhe um papel ativo na modificação das leis e atuações políticas das quais discorde.

4) Apresente-se você mesmo como candidato: se pensar que poderá fazê-lo melhor do que os que governam na atualidade, talvez tenha razão.

5) Vote: informe-se acerca dos programas políticos e dos candidatos às próximas eleições e logo faça valer sua decisão através das urnas.

A vida seria muito mais fácil se todos os políticos e governantes fossem competentes, honestos e éticos. Como é evidente que nem todos são, é nosso dever moral participar dos assuntos de governo se queremos que respeitem nossa vontade. Se nos mantemos à margem do processo político, pode ser que algum dia, ao levantar, encontremo-nos diante de algumas das liberdades que dávamos como estabelecidas arrebatadas de nós por decreto.

IDÉIA-CHAVE:
O governo representa-me melhor se dele tomo parte ativa.

38

Pense que cobrir atender às suas necessidades é o principal

Não tente tornar-se um mártir. Alguns idealistas podem tentar nos convencer de que devemos fazer o possível e o impossível para que não falte nada às outras pessoas, ainda que nós mesmos não tenhamos o mínimo necessário. Isso pode parecer nobre à primeira vista, mas escolher o caminho do sacrifício próprio significa crer que outras pessoas e suas necessidades são mais importantes do que você, o que não é verdade. Seja como for, é impossível alguém ser mais importante do que você, porque não existe uma escala capaz de medir o valor das pessoas. Todos temos igual importância, do mesmo modo que nossas necessidades são primordiais para cada um de nós.

IDÉIA-CHAVE:
Minhas necessidades são tão importantes quanto as de qualquer outra pessoa.

39

Sempre olhe para a frente

Nós, seres humanos, somos uma espécie plena de contradições.

Primeiro atribuímos a determinadas pessoas o rótulo de "importantes" por seus bens materiais, por seus títulos, pelo cargo que ocupam ou simplesmente por possuírem qualquer outra coisa que se destaque um pouco do comum. Depois, apesar de as termos elevado à categoria de "Pessoas Superiores", queixamo-nos porque pensamos que elas nos olham por cima do ombro!

Isso tem tanta lógica quanto jogar uma balde de água na própria cabeça e em seguida se queixar de que está todo molhado. A solução para o problema é bem simples, porque ninguém pode olhá-lo com superioridade, a menos que você enxergue essa pessoa como superior a você. Como foi você mesmo quem colocou essas pessoas num pedestal, simplesmente devolva-as ao seu lugar e tanto você quanto elas se sentirão muito melhor. Observe que seja o que for que as faça diferentes de você, não é por isso que são melhores. Despojadas dos seus falsos pedestais, as pessoas, no fim das contas, são somente isso... pessoas.

IDÉIA-CHAVE:
*Não sou nem menos nem mais
importante do que outras pessoas.*

40

Afaste de você os sentimentos de culpa

A sensação de culpa é uma emoção nociva, prejudicial, porque faz realçar seus erros em vez de seus acertos. E, o que é ainda pior, esse doloroso sentimento pode induzi-lo ao erro de duvidar de seu caráter inato e da sua dignidade como pessoa. A coisa não seria tão grave se pudéssemos nos sentir culpados apenas durante alguns minutos e logo prosseguir com a vida, como se nada tivesse acontecido. Mas raramente acontece assim. Muito pelo contrário, muitos de nós padecemos de um complexo de culpa crônico que não nos deixa tranqüilos nem de dia nem de noite.

A culpa é uma emoção natural no sentido de que nascemos com a capacidade de senti-la. Quando éramos crianças, algumas pessoas que podiam exercer sua autoridade sobre nós valiam-se desse sentimento para nos manipular com o fim de que fizéssemos o que elas queriam. Ao favorecer a associação dos sentimentos de culpa e vergonha com o comportamento que para elas não era correto, conseguiam que nos comportássemos sempre como a elas mais conviesse. Lamentavelmente, esse tipo de 'lição' traz como conseqüência ao fato de nos sentirmos culpados mesmo sem termos feito nada de mau intencionalmente. E se pararmos para pensar sobre isso perceberemos que muitas das coisas que nos fazem sentir culpados têm sua origem unicamente nas preferências pessoais e na própria idiossincrasia dos nossos "mestres de culpabilidade".

Serve de algo nos sentir culpados?

Claro que podemos deixar de tomar determinado tipo de ação, mas isso é algo que pode nos ensinar também o arrependimento sincero, com a vantagem de que você não tem a necessidade de se atormentar por ele.

Em resumo, pouco nos servem nossos sentimentos de culpa. Além de causarem um grave dano emocional, o máximo que você conseguirá é sentir-se desprezado.

Essas são razões mais do que suficientes para que você se planeje para deixar de se sentir assim.

IDÉIA-CHAVE:
O sentimento de culpa age contra mim, não a meu favor.

41

Convença-se de que você vale muito

Não caia no erro de crer que seu valor como pessoa tem alguma relação com suas habilidades ou sua inteligência, ou mesmo com o dinheiro que possua. Ainda que o trabalho que desempenhe ou suas posses possa influir no nível de vida, não tem nada a ver com sua importância ou seu valor como pessoa. Você não precisa fazer nada de especial para adquirir o mais alto grau de valor humano: já é seu, pelo único fato de ter vindo ao mundo. Nada do que faça poderá acrescentar ou subtrair um ápice do seu valor intrínseco como ser humano.

IDÉIA-CHAVE:
Sou valioso porque existo, não por
nada do que faço ou possuo.

42

Perdoe todos os seus erros

Por que será que levamos tão a ferro e fogo nossos erros? Por que temos o hábito de achar que somos sempre culpados de algo?

Tanto é assim, que muitos de nós costumamos reprovar coisas que eram impossíveis de predizer com antecedência e inclusive nos sentir culpados por problemas cuja origem nem sequer tínhamos tomado conhecimento. Sim, é certo que cometemos erros, mas o que fazer? Acaso tem sentido atormentar-se somente por ser como qualquer outro ser humano? Jamais nenhum de nós chegou a ser tão sábio a ponto de fazer tudo impecavelmente. Considerando que os elementos de julgamento de que dispomos para tomar decisões são bastante limitados, é inevitável cometer erros. "Quem compreende perdoa", um ditado popular em que não falta razão.

Quando você compreende o verdadeiro motivo pelo qual incorre em erros, deixará de censurar a si mesmo. Em vez de adotar essa atitude negativa, você se dará conta de que em função dos conhecimentos que possui, num dado momento, sempre toma a decisão que lhe parece mais adequada. Isso é tudo o que podemos fazer.

IDÉIA-CHAVE:
É razoável que eu perdoe todos os meus erros porque não cometi nenhum deles de propósito.

43

Procure o lado positivo de qualquer fato

Em nossa fase de crescimento desenvolvemos idéias positivas acerca do que determina que uma situação seja boa ou má. O curioso do caso é que alguém educado noutra família ou cultura, com crenças e tradições diferentes, com distintos códigos morais e de conduta, pode interpretar os fatos de uma maneira diametralmente oposta à nossa. Isso põe em evidência o caráter basicamente neutro de todas as situações - o que quer dizer que nenhuma é boa nem má por si só.

Se determinados acontecimentos parecem positivos ou negativos, isso é unicamente porque decidimos a partir de nosso ponto de vista.

Se acreditarmos que certos tipos de fatos são negativos ou desagradáveis por si só, recolheremos dados que nos reafirme isso.

De igual maneira, se decidimos ver esses mesmos fatos a partir de uma ótica positiva ou favorável, buscaremos evidências que confirmem que estamos certos.

Nos dois casos é possível encontrar "provas" que justifiquem que nossa crença é correta, o que demonstrará que, na maioria das vezes, pensamos aquilo que buscamos. Daí se depreende a vital importância que pode ter para você buscar novas interpretações para fatos que em circunstâncias normais lhe causariam aflição. Se procurar ver o lado bom deles, terá muito mais possibilidades de aproveitar os aspectos positivos que trazem consigo. Não conseguirá com isso que uma situação desagradável deixe de sê-lo por completo, mas, se reparar nas vantagens que dela pode tirar, ficará muito mais fácil aceitá-la. No que se refere à auto-estima, saber encontrar a parte positiva de tudo o que acontece tem grande importância. Ao escolher conscientemente ressaltar o lado favorável de cada situação, você está preferindo dar às costas ao papel de vítima para assumir o controle da sua vida.

IDÉIA-CHAVE:
Ver o lado bom das coisas sempre me beneficia.

44

Esqueça suas desavenças com os demais

Quando uma disputa ficou mal resolvida ou quando achamos que alguém nos tratou injustamente tendemos a guardar rancor da pessoa que consideramos responsável pelo ocorrido. Insistimos em pensar que não nos faltam razões para estarmos ressentidos. No entanto, o rancor causa mais dano a quem o sente do que a qualquer outra pessoa.

Os sentimentos negativos que alimenta ao manter uma atitude implacável exercem um efeito prejudicial sobre sua saúde e seu temperamento. E, o que é ainda pior, remexer uma ou outra vez nas velhas feridas do passado pode predispô-lo a ter ainda mais experiências desagradáveis. Convém dizer que, a menos que razões práticas o levem a agir assim, você não tem por que se mostrar amistoso àquelas pessoas que lhe fizeram mal. Se você se recusar, porém, a perdoar e esquecer, estará minando sua força e flexibilidade, acentuando seus sentimentos de impotência e arraigando em si a crença de que é uma vítima, em vez de alguém que sabe controlar a situação.

IDÉIA-CHAVE:
*Guardar rancor de outras pessoas causa
mais danos a mim do que a elas.*

45

Melhore sua capacidade de solucionar problemas

Cada vez que tenha que enfrentar um problema, faça a si mesmo a seguinte pergunta: Em que momento do passado, por haver tomado uma decisão diferente, eu teria evitado este problema? Dizendo de outro modo: Que outra coisa podia ter sido feita então para evitar a situação atual? A finalidade deste exercício não é fazer com que você se sinta culpado, mas abrir seus olhos ao fato de que possui a capacidade de prevenir muitas dificuldades futuras. Se você voltar às fontes dos seus problemas, descobrirá muitas ocasiões nas quais, por haver atuado de modo distinto, poderia ter evitado situações desagradáveis. Essa idéia pode tornar-se difícil de aceitar se você está acostumado a atribuir seus males a circunstâncias externas. Mas, se você está disposto a admitir que é o responsável por muitos dos seus problemas, ela servir-lhe-á para evitar algumas dificuldades no futuro.

IDÉIA-CHAVE:
Sou a pessoa mais indicada para resolver meus problemas.

46

Defenda seus direitos

Por si, ainda que não se tenha dado conta do fato, lembre-se de que há pessoas que crêem saber o que é melhor para todo mundo.

No seu íntimo estão convencidas de que são mais espertas do que você ou que o sentido moral delas é mais elevado do que o seu e que, portanto, as idéias delas acerca do que é bom para você são melhores do que as suas próprias. Podemos encontrar essa classe de indivíduos em qualquer setor de atividade. No caso em que ostentem o poder político ou a capacidade legislativa, tratarão de fazer do seu trabalho público um reflexo das suas próprias crenças e princípios pessoais - que podem diferir enormemente dos seus. Para esse tipo de gente pouco importa que as idéias delas pareçam inconvenientes ou desagradáveis nem até que ponto elas podem interferir em seus direitos individuais. A única coisa que verdadeiramente importa a elas é levar a bom termo seus assuntos pessoais. Cegas por um egocentrismo sem limites, essas pessoas passam por cima de um fato de vital importância: que você tem direito de viver como lhe apeteça enquanto não viole o direito que têm os demais de fazer o mesmo. Fora isso, o que faça ou deixe de fazer não é assunto de ninguém, apenas seu. É óbvio dizer que os que crêem que têm direito de dizer como você deve viver sua vida estão totalmente equivocados. Tanto quanto você se equivocaria se eles o deixassem opinar sobre a vida deles.

IDÉIA-CHAVE:
Tenho direito a viver como quero sempre e quando respeitar o direito dos demais a fazerem o mesmo.

47

Confie, sobretudo em si mesmo

Ainda que em mais de uma ocasião você não terá outro remédio a não ser contar com a ajuda de outras pessoas, você deve depender fundamentalmente de si mesmo. Se deixar que as pessoas façam as coisas que você poderia fazer sozinho, não apenas dependerá delas, mas também terá de conformar-se às vezes com muito menos do que gostaria. É interessante comprovar que o fato de ser mais independente conduz muitas vezes a uma notável melhora nas relações, porque lhe oferece a liberdade de aceitar as pessoas como são, e não pelo que possam fazer por você.

IDÉIA-CHAVE:
É mais inteligente depender de mim mesmo do que dos outros.

48

Considere lícito e natural qualquer pensamento seu

Desde crianças foi-nos ensinado a tachar de "maus" ou de "sujos" alguns dos nossos pensamentos, e eles ainda hoje nos provocam rejeição, vergonha e perturbação. Outros tipos de pensamentos fazem com que nos sintamos culpados e nos tachemos a nós mesmos de mesquinhos, cruéis ou pecadore. Intimamente nos dizemos coisas tais como: Que horror! Como sou capaz de pensar algo assim?

Em semelhantes casos, agimos com se tivéramos dupla personalidade, com um Ego Bom, incumbido de segurar os pés do nosso Ego Mau cada vez que ele ultrapassar os limites.

A questão, porém, é que não temos por que nos reprovar pelo que pensamos. Todos os seus pensamentos são lícitos e, se você pensa assim, é porque tem motivo suficiente para fazê-lo. Sua herança genética, sua educação, suas vivências pessoais e outros muitos fatores confluem para produzir as idéias que povoam sua mente. Agora, o fato de que seus pensamentos se fundamentem em razões significativas não significa de modo nenhum que deva levá-los sempre à prática, porque poderiam trazer-lhe mais de um problema. Isso significa apenas que não deve se condenar por expressar mentalmente algum tipo de idéia, por mais feio que seja o nome que se dê a ela. Na realidade todos nós temos uma lixeira num recanto da nossa mente. Para sua desgraça, muitas pessoas tratam de renegar os pensamentos que saem dela. Mas não é sinal de sensatez renegar algum aspecto da sua vida ou de si mesmo, porque cerrar dos olhos diante da evidência não fará com que ela desapareça. O procedimento mais sensato é reconhecer que seus pensamentos são seus pensamentos. Logo, uma vez que os tenha assumido tranqüilamente, sem julgar se são procedentes ou não, exponha-os à esclarecedora luz do dia.

IDÉIA-CHAVE:
Aceito todos e cada um dos meus pensamentos como expressões necessárias e válidas de uma parte de mim.

49

Assuma a plena responsabilidade pelo que acontece em sua vida

Não coloque a culpa em Deus, no destino ou em outras pessoas quando as coisas não saem como você queria. Sua vida e suas relações com os demais melhorarão uma barbaridade quando você se der conta de que, de um modo ou de outro, a maioria das coisas que lhe acontecem é produto das suas próprias ações ou omissões. Isso pode parecer terrível de início, pois pressupõe que você tenha de assumir um alto grau de responsabilidade, mas quando tiver aceitado por completo esse fato verá que o controle que adquiriu sobre sua vida é muito maior do que havia imaginado.

IDÉIA-CHAVE:
Ao assumir a responsabilidade da minha própria vida adquiro um maior controle sobre ela.

50

Aceite reprovações unicamente quando as mereça

Quando éramos crianças nos ensinaram que não deveríamos fazer isso ou aquilo porque podíamos ferir os sentimentos alheios. Como em mais de uma ocasião pudemos comprovar que algumas pessoas se sentiam ofendidas quando dizíamos ou fazíamos determinadas coisas, assumimos que essa premissa era certa. Desde então, viemos pagando as conseqüências desse erro. É verdade que as pessoas reagem às vezes de forma negativa diante de nossas ações, mas se o fazem é por uma questão de escolha ou por puro costume, e não porque se sintam forçados a isso. Se nossos atos tivessem a faculdade intrínseca de amargurar a vida dos outros, poderiam amargurar a todo mundo, não apenas a alguns. E como se sabe muito bem, nem sempre isso acontece. A menos que tenha tentado provocar ou prejudicar de propósito alguma pessoa, não tem por que aceitar suas reprovações como resposta. Já é por si só bastante difícil assumir a responsabilidade de nossos estados de ânimo e ainda pior ter de suportar a carga acrescentada por outras pessoas.

IDÉIA-CHAVE:
Os demais são responsáveis pelas suas próprias emoções na mesma medida em que eu o sou pelas minhas.

51

Pare para pensar se você realmente está vivendo sua própria vida

Às vezes sem perceber nos tornamos vítimas do que os outros esperam de nós e em conseqüência perdemos muito tempo fazendo coisas que não queremos. Se estivermos demasiadamente envolvidos em nossas ocupações, como reparar isso? É possível que sigamos adiante, alheios ao problema, sem parar para questionar a situação. Mês que vem dedique meia hora na semana para refletir a respeito de sua vida e questione-se sobre ela.

Trabalha no que faz porque gosta ou porque alguém pensou que era o melhor para você?

Emprega seu tempo livre em atividades que o divertem ou em tarefas que o aborrecem mortalmente?

Em resumo, viver do modo que vive é idéia sua ou de outras pessoas? Poucos de nós têm a sorte de poderem dedicar a vida a fazer o que mais gostam; questões econômicas e outros tipos de obrigações fazem isso ficar impossível. Mas, se você descobrir que passa a maior parte do dia sofrendo as conseqüências dos planos que outros traçaram para você, sem dúvida é hora de começar a viver alguns de seus próprios sonhos.

IDÉIA-CHAVE:
É importante que eu viva a minha vida do meu modo, e não como os outros querem.

52

Pense e fale bem dos demais

Ainda que adotar uma atitude crítica na hora de pensar e falar dos demais pode nos proporcionar alguns instantes de diversão ou uma sensação fugaz de superioridade, isso é um passatempo perigoso. Assim como se queixar, criticar pode facilmente virar um hábito, uma desagradável tendência que o fará perder amigos e criar inimigos. O mais perigoso de ressaltar constantemente os defeitos alheios é que a mania de criticar parece ganhar vida própria. Anda continuamente à caça de vítimas e, quando não encontra ninguém para atirar, aponta o canhão para si mesma. Portanto, ainda que suas críticas se dirijam em primeira instância aos demais, você acabará medindo-se a si mesmo com rigorosa igualdade e ao longo do tempo virará seu pior inimigo.

IDÉIA-CHAVE:
Eu sou o principal beneficiado
se penso e falo bem dos demais.

Leituras recomendadas

Arapakis, Maria, *Softpower! How to Speak Up, Set Limits, and Say No Without Losing Your Lover, Your Job, or Your Friends*. New York: Warner books, Inc., 1990.

Ellis, Albert, Ph. D., and Becker, Irving M., Ed. D., *A Guide to Personal Happiness*. North Hollywood, CA: Wilshire Book Company, 1982.

Ellis, Albert, Ph. D., and Harper, Robert A., Ph. D., *A New Guide to Rational Living*. N. Hollywood, CA: Wilshire Book Company, 1975.

Hoff, Benjamin, *The Te of Piglet*. New York: Dutton, 1992.

Hoff, Benjamin, *The Tao of Pooh*. New York: Viking Penguin, Inc., 1982.

Keyes, Ken, Jr., *Handbook to Higher Consciousness*, Fifth Edition. Coos Bay, OR: Center for Living Love, 1975.

Kranzler, Gerald D., *You Can Change How You Feel: A Rational-Emotive Approach*. Eugene, OR: RETC Press, 1974.

Minchinton, Jerry, *Maximun Self-Esteem: The Handbook for Reclaiming Your Sense of Self-Worth*. Vanzant, MO: Arnford House, 1993.

Ming-Dao, Deng, *365 Tao: Daily Meditations*. San Francisco: Harper Collins San Francisco, 1992.

Seligman, Martin E.P., Ph. D., *Learned Optimism: How to Change Your Mind and Your Life*. New York: Pocket books, 1990.

Seligman, Martin E. P., Ph. D., *What You Can Change and What You Can't: The Complete Guide to Successful Self-Improvement*. New York: Alfred A. Knopf, 1994.

Sills, Judith, Ph. D., *Excess Baggage: Getting Out of Your Own Way*. New York: Viking Penguin, 1993.

Weil, Andrew, M. D., *Natural Health, Natural Medicine: A Comprehensive Manual for Wellness and Self-Care*. Boston, MA: Houghton Mifflin company, 1990.

O autor

Músico de reconhecido prestígio, Jerry Minchinton dedicou-se profissionalmente à interpretação durante vários anos antes de fundar uma importante empresa de comunicação. Depois de dirigir a companhia durante doze anos, ao longo dos quais experimentou um crescimento constante, decidiu retirar-se de seu cargo executivo para poder dedicar mais tempo à sua paixão: o estudo da auto-estima.

Seu interesse pela auto-estima nasceu quando ele e seu sócio decidiram que ela poderia servir de base para um teste de admissão. Quando estava preparando o teste, reparou que os estudos sobre auto-estima proporcionavam uma considerável melhora em seu conceito de si mesmo. Com isso chegou ao convencimento não só da enorme importância de possuir uma elevada auto-estima, mas também de que alcançá-la era muito mais fácil do que se acredita.

Jerry licenciou-se em filosofia e letras pela Universidade de Washington e completou sua formação com estudos de doutorado na Universidade do Estado da Flórida. É membro do Conselho Nacional para a Auto-Estima e da Associação MENSA Americana.

impressão e acabamento:

EXPRESSÃO & ARTE
GRÁFICA
Fones: (11) 3966-3488 / 3951-5240 / 3951-5188
E-Mail: expressaoearte@terra.com.br